Jean-Jacques Baude

Les Ouvriers

Essai

ISBN : 978-1985637870

10 9 8 7 6 5 4 3 2 1

Jean-Jacques Baude

Les Ouvriers

Essai

Table de Matières

Les Ouvriers

Une partie de ma vie s'est écoulée au milieu de travaux qui m'ont mis en contact immédiat avec les ouvriers, non ceux des ateliers où s'énervent trop souvent l'âme et le corps, mais ceux qui manient la bêche et la charrue, nivèlent le sol, font éclater les rochers, fouillent les entrailles de la terre, mettent en œuvre le fer et le bois, ou transportent sur les routes, les fleuves et les mers, les fruits de l'agriculture et de l'industrie. Je pourrais même, aujourd'hui que le titre d'ouvrier est presque aussi recherché que l'étaient, il y a quelques mois, ceux de vicomte et de marquis, me mettre à le porter tout comme un autre ; je suis, en effet, mineur tout au moins autant que Paul-Louis Courier était vigneron et que M. Albert est, dit-on, ouvrier mécanicien. Je plaindrais celui qui, s'étant associé aux labeurs, aux peines, aux plaisirs simples, aux affections naïves de ces rudes travailleurs, ne se sentirait pas pénétré pour eux d'une profonde sympathie. Au premier rang de leurs qualités attachantes est la rectitude d'esprit avec laquelle ils savent apprécier les objets habituels de leurs sollicitudes ; la sérénité de leur jugement n'est troublée ni par les préoccupations de l'amour-propre, ni par les arrière-pensées de l'ambition, et, s'ils se trompent, la pression des forces tantôt vives, tantôt inertes de la nature, avec lesquelles ils sont directement aux prises, les ramène bien vite à la vérité. Si au contraire ils sortent de la sphère étroite dans laquelle ils se sentent forts et expérimentés, ils se défient d'eux-mêmes, deviennent faibles, vacillants, et leur confiance est facile à saisir et à égarer : accoutumés à ne faire que des choses qu'ils savent, ils s'imaginent qu'il en est de même de tout le monde, et croient ceux qui se mettent à leur tête sûrs de la route où ils les engagent. Ils les suivent donc ; mais, lorsqu'au lieu de la lumière et des biens qu'on leur promettait, ils se voient environnés de déceptions et de ténèbres, ils se retournent violemment, heureux quand ils ne font pas repentir les imprudents ou les ambitieux qui les ont abusés.

L'agitation qui s'entretient aujourd'hui, à l'occasion d'un nouveau système d'organisation du travail, parmi les ouvriers de Paris, de Lyon, et d'un petit nombre d'autres villes, coûte fort cher au pays et à eux-mêmes. L'industrie nationale ne sortira de cette épreuve que boîteuse et meurtrie ; un grand mal est déjà fait, un plus grand se prépare. Mais ne saurait-on prévenir des perturbations si clairement annoncées ? Voilà la question du moment : les circonstances ne permettent pas d'y faire une réponse affirmative. La prévoyance et la réflexion sont rarement l'attribut des masses émues et livrées à elles-mêmes ; elles courent où les pousse leur passion, non leur intérêt, tournant le plus souvent, dans leurs entraînements aveugles, le dos au but qu'elles voudraient atteindre ; elles ne s'éclairent que par une expérience cruellement acquise, et n'aperçoivent le précipice que lorsqu'il s'entr'ouvre sous leurs pas. Ne nous croyons pas en droit de les accuser : des faits récents prouvent qu'elles ne sont pas les seules qui se trompent ainsi. Les véritables amis des ouvriers, ceux qui ne les flattent point, n'arrêteront donc pas dans sa marche une maladie qui vient de loin et n'est point encore entrée dans sa période décroissante ; cette maladie ne passera que lorsque les phases naturelles en seront épuisées. Tout ce qu'il est possible de faire aujourd'hui, c'est d'atténuer la crise en détruisant quelques-unes des illusions qui l'enveniment.

Si modeste que soit cette tâche, elle exigerait une voix plus écoutée que la mienne ; aussi ne veux-je que citer à ceux qui sont en état de l'entreprendre un petit nombre de faits simples, mais se rapportant directement à la condition sociale des ouvriers et aux moyens de l'améliorer. Si ces faits sont exacts, si la multitude de faits analogues qui viendront se grouper autour montre qu'ils ne sont que l'échantillon d'une situation générale, il sera permis d'en conclure que dans toutes les industries agricoles, manufacturières, commerciales, l'organisation du travail est subordonnée à des lois qui dérivent de la nature même des choses et ne sont guère plus susceptibles d'être modifiées par les gouvernements que ne le sont celles de l'hydrostatique ; que la seule intervention profitable de l'autorité dans ces matières est celle qui consiste à protéger également et fermement la liberté de chacun qu'enfin c'est beaucoup moins dans l'élévation forcée des salaires que dans la manière de vivre des ouvriers que doit se chercher l'amélioration de leur sort.

Déjà le gros bon sens des ouvriers a de lui-même fait raison du système de l'égalité des salaires entre la paresse et l'activité, l'ineptie et le talent, le désordre et la bonne conduite. Ils l'ont repoussé par sentiment de justice encore plus que par prévision de ses effets économiques ; et interpellé de dire s'il consentirait à se l'appliquer à lui-même, le plus éloquent, le plus puissant et le plus désintéressé de ses apôtres s'est écrié que oui ! en ajournant toutefois à l'époque où le système serait universellement réalisé.[1]

---

1 « M. Louis BLANC. — On a demandé si je consentais à m'appliquer la règle que je proclame. Voici ma réponse. Dans le système d'universelle association, dans le système complètement réalisé que j'appelle de tous mes vœux... oui ! (*Acclamations unanimes.*) Et ce oui, je désire qu'il soit imprimé à deux cent mille exemplaires, pour

Cette échéance n'a rien de compromettant ; c'est à peu près celle que prenait Clément Marot pour le remboursement de l'argent qu'il empruntait à François Ier : il promettait de le lui rendre

Quand on verrait tout le monde content.

Il est donc sans inconvénient d'attendre, pour rechercher les résultats pratiques de l'égalité des salaires, que quelques adeptes fervents se décident à la prêcher par leurs exemples.

Une seule chose est, jusqu'à présent, réalisée dans les projets du gouvernement provisoire sur les travailleurs : c'est l'accroissement du prix de la main-d'œuvre par la réduction de la durée de la journée de travail, et, comme cette mesure a rendu plus vives une foule d'exigences qu'on croyait peut-être conjurer, la cherté est, en fait, très supérieure à ce qu'elle paraît. Ce n'est pas ici le lieu d'en examiner les conséquences par rapport aux entrepreneurs qu'elle ruine, aux travaux utiles qu'elle diminue ou interdit, à la richesse nationale qu'elle affecte : considérons-les uniquement à l'égard des ouvriers. Le résultat inévitable de l'augmentation du prix de la main-d'œuvre, c'est l'augmentation du prix des choses produites, et si, par une intervention dont on n'avait pas l'idée avant l'année 1848, le gouvernement porte de 4 à 5 francs, par exemple, le prix du travail qu'accomplit dans sa journée un menuisier de Paris, il n'entend sans doute pas faire de cet avantage le privilège d'une ville ou d'une profession ; toutes devront être traitées

---

que, si jamais je venais à le renier, chacun de vous pût, un exemplaire à la main, me démentir et me Confondre. » (*Nouvelles et bruyantes acclamations.*)
(Commission de gouvernement pour les travailleurs, séance du 3 avril 1848.)

de la même manière le laboureur, le meunier, le boulanger, le vigneron, le jardinier, le boucher, qui nourrissent le menuisier ; le tanneur et le cordonnier, qui le chaussent ; le fileur, le teinturier, le tisserand, le tailleur, la couturière, qui l'habillent ; le forgeur, qui fabrique ses outils, et mille autres dont il est tributaire, auront aussi bien que lui droit à gagner plus en travaillant moins. Nourriture, habitation, vêtements, outils, le menuisier paiera tout plus cher, et, à moins qu'il ne découvre des objets de consommation dans lesquels il n'entre aucune main-d'œuvre, il trouvera, quand il fera son compte, que, s'il a 5 francs de ce qu'on lui payait auparavant 4, ces 5 francs n'en valent guère plus de 4 d'autrefois. Il lui sera difficile de prendre au sérieux ce résultat de la révolution sociale.

Peut-être même sera-t-il quelquefois embarrassé de l'heure par jour dont on lui fait cadeau. Il serait téméraire d'espérer qu'il en sera toujours fait un bon emploi : pour un homme qui ne craindra pas de se singulariser en la passant à l'étude ou dans son intérieur, cent se laisseront entraîner par les meneurs ordinaires des grands ateliers dans les cabarets, les guinguettes et plus loin encore ; rien n'est si cher pour les ouvriers que le loisir, et ce ne sont pas les heures de leur travail, mais celles de leurs distractions qui pèsent à leurs familles.

Employez cette heure au perfectionnement de votre intelligence, dit le décret du gouvernement provisoire en date du 2 mars. Si, dans la pensée d'une majorité d'hommes de lettres et de journalistes, qui ont la conscience de l'utilité de leurs travaux, cela veut dire : Lisez des livres et des journaux du temps, cet emploi risquera de coûter un peu cher. Le prix de la main-d'œuvre finira, quoi qu'on fasse, par se régler sur la valeur réelle du produit du travail, et qu'est-ce alors que la suppression d'une heure de travail par jour ? Pour l'ouvrier toujours valide, régulièrement occupé, placé dans les meilleures conditions possibles, c'est trente jours de travail effectif de moins dans l'année, et trente-six jours en tenant compte des jours fériés ; c'est l'année réduite à trois cent vingt-neuf jours pour la production, quand elle reste à trois cent soixante-cinq pour la consommation, pour les loyers à payer, pour l'intérêt des capitaux engagés : c'est bien pis encore pour l'ouvrier valétudinaire ou assujetti par la nature de sa profession à des alternatives de loisir et d'activité, pour celui qui, par des causes telles que les caprices de la mode ou les intermittences d'une chute d'eau, est obligé tel jour, telle semaine, tel mois ou telle saison, de compenser la stagnation de telle autre période ; celui-là ne manque assurément pas de loisirs pour la culture de son intelligence, mais l'interdiction de travailler plus de dix heures, quand il travaille, est pour lui l'obligation de mourir de faim.

Admettons l'hypothèse peu probable du maintien du prix de la journée malgré la diminution du travail : l'ouvrier ne perd rien, pour un temps du moins, et la mesure se résout en une augmentation du prix des choses, proportionnelle à la quantité de main-d'œuvre qui se rapporte à chaque objet. Dans le prix d'une pièce de satin fabriquée à Lyon, la main-d'œuvre entre pour environ moitié ; la part en est généralement plus forte dans celui des objets dont la matière première n'a pas la valeur de la soie. Quelque soit ce rapport, la cherté des produits en diminuera évidemment la consommation ; la fabrication et les salaires qu'elle distribue iront aussi se réduisant. Mais, en jetant les yeux tant sur les exportations de l'industrie française à l'étranger que sur les importations de l'industrie étrangère parmi nous, on aperçoit des effets bien autrement désastreux pour les ouvriers.

En 1846, la dernière année pour laquelle soient rendus les comptes de l'administration des douanes, nous avons exporté pour 186 millions de nos produits naturels et pour 666,300,000 francs d'objets manufacturés. On classe comme produits naturels ceux de l'agriculture et de la pêche, quoique la valeur presque entière de plusieurs d'entre eux soit due à ces ouvriers qui s'appellent des laboureurs et des matelots. Nous ne plaçons à l'étranger ces 852 millions de marchandises qu'à la condition de soutenir, par la modération de nos prix, la concurrence des marchandises étrangères qu'elles y rencontrent. Des cerveaux malades peuvent rêver l'abolition de la concurrence à l'intérieur ; mais on a beau la considérer sous le point de vue le plus faux et le plus étroit, force est de l'accepter en dehors de la frontière, à moins qu'on ne renonce, comme en Icarie, au commerce extérieur. Élevons le prix de toutes nos marchandises par l'application du décret du 2 mars à toutes nos manufactures ; elles ne luttent plus avec l'étranger à armes égales, et nous sommes exclus du marché du monde civilisé.

Ce n'est pas tout : notre frontière n'est pas fermée aux produits étrangers ; dans cette même année 1846, nous en avons reçu pour 920 millions, dont, il est vrai, 608 de matières nécessaires à l'industrie. Les principes de la fraternité universelle venant en aide aux doctrines du libre échange, l'accès de notre territoire deviendra de plus en plus facile aux marchandises du dehors ; elles viendront faire concurrence aux nôtres à la porte de nos propres manufactures, et si nos ouvriers, oubliant qu'en fait d'industrie le temps c'est de l'argent, n'ont pas la même capacité de travail que leurs rivaux, les effets d'une concurrence établie sur de pareilles bases sont faciles à prévoir.

Ainsi, la limitation de la durée du travail journalier tend à réduire la production française dans toutes ses branches,

Par la diminution de la consommation intérieure ;

Par la cherté des produits français sur les marchés étrangers ;

Par l'infériorité de prix des produits étrangers sur le marché français.

Quand ce triple résultat sera atteint, quel sera le sort de nos ouvriers ?

Les ateliers les conserveront-ils tous en réduisant les salaires journaliers proportionnellement à la masse du travail ? Ce sera l'égalité, mais l'égalité de misère.

Maintiendra-t-on, au contraire, les salaires individuels en ne conservant que le nombre d'ouvriers nécessaires à une tâche tous les jours plus étroite ? Que fera-t-on alors des ouvriers devenus inutiles ?

Ce n'est point à nous, partisan de la liberté du travail, de répondre à ces questions.

Supposons un instant qu'après une guerre contre l'Europe coalisée, plus malheureuse pour la France que celle qui finit à Waterloo, l'Angleterre eût voulu consommer la ruine de notre industrie, et délivrer à jamais la sienne d'une concurrence importune : qu'eût-elle pu imaginer de plus sûr et de plus ingénieux qu'un traité par lequel il eût été interdit aux ouvriers français, sous peine de fortes amendes, de travailler autant d'heures par jour que les ouvriers anglais, libres de faire à cet égard ce que bon leur semblerait ? Cette interdiction eût soulevé parmi nous de bien autres indignations que le traité d'Utrecht, qui prescrivait le comblement du port et la démolition des fortifications de Dunkerque, ou celui du droit de visite, dans lequel du moins était stipulée une exacte réciprocité. La France se serait révoltée d'un bout à l'autre contre cette oppression du travail, et ce n'eût pas été pour l'Angleterre un médiocre embarras que celui de nous maintenir dans une si odieuse servitude... Eh bien ! nous ne sommes point vaincus. C'est de notre plein gré que nous constituons notre industrie en état permanent d'infériorité vis-à-vis de l'industrie britannique, que nous décrétons ce que Pitt et Castelreagh n'eussent jamais osé rêver, que nous allons au-delà de vœux qu'aucun district manufacturier d'Angleterre ne se permettrait d'exprimer. Nous poussons plus loin la courtoisie : l'Angleterre recueillera le fruit de ces mesures, et nous en prenons tout l'embarras ; notre administration, nos tribunaux veilleront à ce qu'aucun ouvrier français ne travaille assez pour l'inquiéter, et, afin qu'il ne manque rien à la mystification, c'est comme une victoire du peuple et aux applaudissements de la foule que nous la consacrons.

La presse anglaise s'est peu occupée de nos débats officiels sur l'organisation du travail. Cela se conçoit. Quand nous faisons si bien ses affaires, elle aurait tort de nous distraire de l'accomplissement de notre œuvre. Quoi qu'il en soit, les vrais ouvriers ne seront pas longtemps dupes d'un mirage qui les conduit d'un tout autre côté que celui de la terre promise. Ils demanderont eux-mêmes l'abolition d'une mesure arrachée à l'inattention d'un gouvernement harcelé de tant de soins. Le remède aux plus grands de leurs maux est trop près d'eux pour qu'ils tardent beaucoup à l'apercevoir ; le nom en est inscrit sur leur bannière. Ce remède, c'est la liberté, mais la liberté sincère, complète, absolue. De même que la sagesse, qui fut demandée à Dieu par Salomon, elle donne à ceux qui la font respecter dans leur personne et dans celle des autres la richesse et la puissance. Et qui ne sent que de toutes les libertés, la première est celle du travail ; que sans elle il n'y a ni indépendance personnelle, ni dignité humaine, ni affranchissement de la famille, et que rien ne lui serait plus mortel que le niveau abrutissant sous lequel quelques-uns prétendraient la courber ? Cette liberté, malgré l'abolition de lois injustes qui leur défendaient des associations d'intérêts permises aux patrons, les ouvriers n'en jouissent pas dans sa plénitude : ils en sont privés par des règles oppressives de compagnonnage qu'ils établissent entre eux, ils en sont privés quand des meneurs turbulents viennent les enlever de force à leurs ateliers pour leur faire faire des manifestations dont on ne leur dit pas même le but ; ils en sont privés quand des agitateurs les entraînent à leur suite, se donnent, à leur insu, pour leurs mandataires, et signifient, en leur nom, au gouvernement provisoire des volontés sur lesquelles on ne les a pas consultés ; mais ils en jouissent et se montrent capables de la conquérir tout entière lorsqu'ils se refusent à se laisser embrigader en troupeau électoral.

Cette liberté est encore précieuse pour eux par les garanties sur lesquelles elle asseoit la sécurité des capitaux et leur multiplication par le crédit. Quant aux salaires, sous quelque forme qu'ils se perçoivent, élévation du prix de la journée, de la façon, ou association dans les bénéfices, il n'est pas plus possible de les élever arbitrairement que de doubler intérêt du capital : l'une et l'autre de ces exagérations entraîne évidement la langueur ou la ruine de l'industrie qui la subit. Si, pour ne pas sortir du présent, on vérifiait, sur les livres de cent manufactures à prendre au hasard, les effets de la suppression de l'heure de travail par jour, en voyant que, dans les neuf dixièmes, sa valeur l'emporte de beaucoup sur la totalité des bénéfices annuels, on calculerait combien pourraient survivre.

Nous ne chercherions pas impunément à braver cette loi de la Providence qui ne permet aux nations de s'enrichir que par l'intelligence et le travail. Suit-il de là qu'il n'y ait aucune amélioration à introduire dans la condition des ouvriers ? La confiance que cette condition est susceptible de s'améliorer sans discontinuité, jusqu'au point où l'ouvrier devient maître de se reposer en laissant sa famille dans une position très supérieure à celle qu'il a reçue de ses pères, se fonde, au contraire, sur des expériences nombreuses ; mais ce résultat ne peut s'atteindre que par la puissance de l'ordre, de l'économie, de la régularité de la vie. Cette puissance se manifeste d'une, : manière saillante dans des faits officiels que nous avons continuellement sous les yeux : un soldat est mieux nourri, mieux vêtu, mieux couché, mieux soigné dans ses maladies que ne l'est en général un ouvrier ou un laboureur ; le soldat d'infanterie coûte, tout compris, sauf le casernement, 330 fr. par an ; le cavalier 376 fr. ; l'artilleur 413 fr. ; le gendarme, placé dans des conditions différentes, entretient sa famille avec décence, élève ses enfants et reçoit 808 fr.[1] Si le soldat avait la solde de l'ouvrier, le cumul de ses économies l'aurait bientôt enrichi. <u>C'est donc dans</u> la manière de vivre de l'ouvrier qu'il faut

1   Budget de la guerre, 1848, p. 217 bis.

introduire la réforme et porter une nouvelle organisation. La solution du problème est là et point ailleurs.

Pour trouver la confirmation pratique de cette vérité, il n'est pas nécessaire de chercher des exemples ailleurs que dans les ateliers mêmes de l'industrie.

En 1828, si je ne me trompe, de très vives réclamations s'élevèrent sur l'insuffisance des salaires dans les manufactures de drap de Louviers ; une enquête officieuse fut faite, et elle révéla les souffrances les plus poignantes : on fut en particulier frappé de la malpropreté, du dénuement et de l'insalubrité des habitations des ouvriers ; leur état était le résumé de toutes les misères de leurs hôtes. Cependant, au milieu de réduits infects, on remarquait des demeures modestes, mais aérées, bien tenues, respirant le calme et l'aisance ; c'étaient celles des contre-maîtres. On crut d'abord trouver dans cette circonstance la preuve de la justice des plaintes des simples ouvriers et de la nécessité d'augmenter les salaires ; mais, en faisant le relevé des comptes individuels, on fut surpris de reconnaître que les ouvriers, généralement payés à la tâche, gagnaient, dans leur année, de 11 à 1,200 francs, tandis que les contre-maîtres, payés au mois, n'en gagnaient la plupart que 900. Les causes de la différence étaient faciles à saisir : les contre-maîtres, choisis parmi les meilleurs sujets, assujettis par la manière même dont ils étaient salariés à une certaine prévoyance, obligés de se respecter eux-mêmes pour être obéis de leurs subordonnés, contractaient des habitudes d'ordre dont ils recueillaient les fruits ; les ouvriers les plus malheureux, vivant au jour le jour, abusant d'un profit accidentel, sans précautions contre un malheur, dissipaient en désordres le produit de leur travail. *Dove c'è miseria c'è vizio*, dit un proverbe italien. La nature du mal indiquait celle du remède.

L'horlogerie est à Besançon une industrie ancienne et honorablement exercée. On s'y plaignait beaucoup, en 1833, du tort que faisait à nos ateliers la concurrence de ceux de la principauté de Neuchâtel. Notre infériorité était malheureusement hors de doute ; les primes d'affranchissement d'une prohibition protégée par une triple ligne de douanes ne suffisaient pas pour établir de ce côté de la frontière l'équilibre des prix. Au lieu de 14,839 boîtes de montre en or et de 42,631 en argent présentées en 1828 au contrôle de la garantie, il ne lui en avait été soumis, en 1832, que 9,801 des unes, 34,500 des autres ; ces nombres avaient été moindres encore en 1831, et ils ne semblaient s'être relevés que par l'augmentation de la quantité considérable de boîtes fabriqués à Besançon qui se garnissaient de mouvements tirés de la Suisse. Quelles étaient les causes de cette décadence ? Quelques journées de loisir employées à les rechercher m'apprirent bientôt que la cherté relative de notre fabrication ne tenait ni à l'inexpérience de nos ouvriers (ils se flattaient avec raison d'être aussi habiles que les ouvriers suisses), ni à la nature ou à la valeur des matières premières (elles étaient les mêmes pour les uns et pour les autres), ni même aux prix des subsistances, qui ne différaient pas sensiblement. Quant à l'étendue et à la proximité des débouchés, l'avantage était de notre côté. Il ne restait, dans le cercle du débat ainsi rétréci, que la manière de vivre des ouvriers. Ce point de vue une fois fixé, les incertitudes disparaissaient, et la décadence de notre fabrication n'était que trop bien expliquée. Nos ouvriers habitaient une ville de trente mille âmes ; la cherté relative des vivres en dedans des murailles, et l'obligation de tout payer, jusqu'aux moindres objets de consommation, n'étaient pas leur plus lourde charge : ce qui leur coûtait le plus, c'était évidemment leur participation aux distractions ordinaires d'une grande population agglomérée et d'une nombreuse garnison ; ces distractions, fort dispendieuses en elles-mêmes, entraînaient des liaisons souvent funestes et des pertes de temps pires pour les classes laborieuses que des pertes d'argent. Les habitudes de dissipation rendent pesant le joug de la vie de famille. Rien n'était moins rare que de voir des jeunes gens, à peine parvenus à leur majorité, se séparer de leurs parents et faire ménage de garçon ; le sentiment d'indépendance général dans cette société s'étendait sur les jeunes ménages qui se formaient ; chacun voulait un chez soi à part, et dès-lors tous les avantages économiques de la communauté d'existence étaient sacrifiés. En Suisse, les choses se passaient autrement : l'industrie était disséminée dans la campagne ou groupée dans des bourgs, où l'on était à l'abri des occasions de dépense et des séductions dont étaient assiégés les ouvriers de Besançon ; la vie patriarcale était celle de la plupart des familles ; réunies dans des maisons vastes et commodes, plusieurs générations étaient souvent associées sous le patronage d'un aïeul commun ; un seul feu, une seule marmite, suffisaient à plusieurs ménages ; de vastes jardins cultivés dans les moments de loisir, des laiteries conduites par les femmes de la maison, fournissaient presque gratuitement une grande partie de la nourriture. Cette vie innocente et fraternelle donnait-elle une moindre somme de bonheur que la vie agitée de nos ouvriers ? Personne n'oserait le prétendre, et, quant au résultat économique, l'entretien des ouvriers neuchâtelais coûtait moitié moins que celui des nôtres. Dans une industrie où la matière première est si peu de chose comparativement à la main-d'œuvre, la supériorité était invinciblement fixée du côté de la frugalité, et la bonne organisation du ménage, bien plus puissante que celle du travail procurait, avec de moindres salaires, une existence plus large et plus douce. Ce n'était pas le seul bienfait qui découlât de ce régime : les ouvriers suisses capitalisaient des sommes qui se dissipaient chez nous ; la plupart étaient propriétaires de leurs maisons ; de leurs jardins et atteignaient un degré d'aisance dont se feraient difficilement une idée les personnes qui n'ont point vu la Chaux-de-Fond et les villages environnants. Beaucoup d'entre eux travaillaient en commun à leur compte, avec leurs propres capitaux, et ces avantages étaient un témoignage de plus en faveur de leur manière de vivre, car c'était par là qu'ils les avaient conquis.

Une année plus tard, en 1831, les ouvriers en soieries de Lyon se soulevaient en inscrivant sur leur bannière ce cri douloureux et menaçant : *Vivre en travaillant ou mourir en combattant.* Quelles que fussent les arrière-pensées des chefs de l'insurrection, des souffrances réelles leur avaient servi d'auxiliaires, puisqu'on les avait suivis ; et, pour que le remède fût efficace, il fallait écarter toute incertitude sur la nature du mal. Le ministère et l'administration locale ne furent pas seuls préoccupés de la recherche des moyens de prévenir le retour de convulsions sous lesquelles pouvait succomber la seconde ville de France. Les personnes qui connaissaient le pays et l'industrie qu'il s'agissait de sauver remarquaient que le rétablissement de l'équilibre entre les besoins et les ressources de la population ouvrière ne pouvait pas s'obtenir par l'augmentation des salaires ; la limite leur en paraissait invariablement fixée par la concurrence de l'industrie étrangère et même de celle de plusieurs villes de France. On ne pouvait donc, à leur avis, atteindre le but que par une série de mesures tendant à la réduction du prix des subsistances par l'extension du rayon d'approvisionnement de la ville, à l'abaissement des loyers par l'ouverture de nouveaux champs de constructions, à l'encouragement à l'économie par la création de placements pour les petites épargnes, à la moralisation des travailleurs pauvres par la perspective d'une condition meilleure. On évaluait à 6 millions les dépenses nécessaires à la réalisation de ces améliorations. « Il est toujours fâcheux, disait-on, d'avoir à proposer, dans un gouvernement représentatif, une dépense extraordinaire, et l'on objectera peut-être qu'on ne présente ici que des remèdes éloignés pour un mal présent. Une enquête sur la situation de Lyon pourvoirait à ces deux inconvénients. Elle prouverait que la dépense sera productive et sauvera, avec bénéfice pour le trésor, la plus belle industrie de la France. Elle deviendrait, à l'instant où elle serait ouverte, l'objet exclusif des préoccupations des ouvriers, et les arracherait aux agitateurs qui lies exploitent. Cette population, beaucoup plus intelligente et meilleure qu'on ne le suppose, se rattacherait bien vite à un gouvernement qu'elle verrait sérieusement occupé de son sort ; l'enquête escompterait, au profit de la tranquillité publique, tous les biens à venir qu'elle promettrait.

Il s'agissait, comme on voit, de constater des faits qui rectifient les idées et non pas d'agiter des théories dans lesquelles elles s'égarent ; mais cela était trop fort et trop franc pour le tempérament du ministère du 11 octobre : il recula devant des éclaircissements qui eussent raffermi les esprits, en les lestant, s'il est permis de parler ainsi, par la gravité des faits dont les eût chargés l'enquête, et il fit sans bruit quelques recherches dont, avec le temps, diverses conséquences utiles ont été tirées.

Il fut constaté que la fabrique de Lyon, assujettie par sa nature à des intermittences inévitables d'activité et de stagnation, avait rarement eu trois années de suite aussi régulièrement occupées que 1832, 1833 et 1834 ; que le prix des subsistances avait été modéré pendant cette période ; qu'ainsi les troubles n'étaient point fondés sur la coïncidence de la rareté du travail et de la cherté des vivres ; que le salaire journalier de l'ouvrier de Lion était supérieur à celui des ouvriers occupés de travaux identiques dans les autres manufactures du continent et notamment dans celles de Suisse et de Prusse ; que les associations les plus turbulentes se composaient, non de pauvres ouvriers attachés à ta fabrication des étoffes unies et atteignant péniblement un salaire de 1 fr. 25 à 1 fr. 75, mais de maîtres et d'ouvriers gagnant de 3 à 5 francs.

Il était permis de conclure de ces faits que le désordre et la détresse venaient, non de la situation intérieure des ateliers, mais de ce qui se passait au dehors, non de l'abaissement de la rémunération du travail, mais de la manière dont elle était employée : des indices nombreux témoignaient que le goût des distractions dispendieuses était la cause presque unique de la gêne des hommes, et que les femmes sacrifiaient à la toilette, à des plaisirs futiles, bien plus qu'à de véritables besoins. Une passion effrénée de la loterie s'était alors emparée de la population ouvrière : d'après les relevés des comptes du trésor, dans les douze années qui s'étaient écoulées de 1822 à 1833, une somme de 46,793,437 fr. avait été portée aux bureaux de loterie du Rhône ; les mises annuelles s'étaient élevées à 3,899,453 fr., lorsque la contribution foncière du département entier, centimes additionnels compris, n'était que de 2,876,000 fr. Des familles subissaient les plus dures privations pour satisfaire cette fureur de leurs chefs, et l'on devine si les lots gagnés avaient alimenté autre chose que de l'oisiveté, des illusions et des vices. Pendant les dix dernières années de cette période, la caisse d'épargne de Lyon avait reçu 2,057,823 fr. et en avait remboursé 788,538 ; l'économie moyenne avait été par année de 126,928 fr. L'abondance des mises à la loterie constatait assurément la disponibilité de fonds considérables, et, si les sommes englouties dans ce jeu immoral avaient été placées à la caisse d'épargne, la population eût été dans un tout autre état.

Tout éloignés que sont aujourd'hui ces faits, ils sont bons à rappeler, parce qu'ils ramènent au vrai, que des ambitieux et des illuminés d'une nouvelle espèce cherchent à faire perdre de vue. Il y aurait aujourd'hui une autre enquête à faire sur l'industrie de Lyon : à défaut d'une *loterie royale* à stigmatiser, elle apprendrait aux ouvriers, aux fabricants, à l'administration elle-même de rudes vérités ; elle ne flatterait personne, profiterait à tous, et conduirait probablement à montrer dans la réforme des mœurs plutôt que dans l'organisation du travail le salut de l'industrie et le bien des ouvriers. Malheureusement cette vérité n'est pas assez attrayante pour qu'on se presse beaucoup de la mettre en relief.

Si cette espèce d'enquête pouvait s'ouvrir dans la *Revue*, il serait aisé d'y réunir une multitude de faits particuliers prouvant par l'uniformité de leurs caractères et la variété de leurs détails que, si imparfait qu'on se plaise à supposer l'état actuel de l'industrie, il offre aux ouvriers, partout où les circonstances locales, la discipline et les mœurs éloignent d'eux le désordre, des conditions de bonheur et de progrès. Ils contracteront, par la pratique des institutions républicaines, des sentiments et des habitudes de religion, de devoir, d'ordre, de consolidation de leurs droits par le respect de ceux d'autrui : ils placeront ainsi en eux-mêmes des bases solides et pour leur bonheur à venir et pour leur concours à la grandeur de la nation ; mais c'est à l'administration d'accélérer ce mouvement par les mesures économiques qu'il n'appartient qu'à elle de prendre.

Toutes les vues des adeptes de bonne foi de l'école socialiste seraient difficiles à défendre, à plus forte raison celles des faux interprètes de ses doctrines qui veulent marcher, par la violence ou de honteux artifices législatifs, à la spoliation et au vol ; mais il y a certainement beaucoup à tirer de l'ordre d'idées à l'apanage exclusif desquelles cette école aurait tort de prétendre, et, bien loin de chercher à lui fermer la bouche, on devrait lui demander de montrer enfin au monde, après les paroles, des œuvres. Les paysans qui donnent, dans les fruitières du Jura, la solution la plus élégante et la plus complète des difficultés du passage de la culture romaine à la culture alterne et confèrent à la petite propriété rurale les avantages de la grande, l'inventeur ignoré des *omnibus*, les fondateurs des grandes associations de petits capitaux, sont des socialistes plus sérieux et surtout plus utiles que tous ceux qui organisent le monde, mais seulement sur le papier. En suivant la trace des premiers, en étendant, en perfectionnant leurs travaux, les ouvriers deviendront capitalistes eux-mêmes et maîtres d'associer à la fois et leurs bras et leurs fonds. Il est déplorable que le malheur de nos finances ait mis le gouvernement dans le cas de porter la main sur les réservoirs où le pauvre dépose, pour les jours de pénurie, les excédents de ses jours de prospérité, et l'on ne saurait, en attendant mieux, assez se préoccuper de la reconstitution des caisses d'épargne ; elle coûterait bien moins que les ateliers nationaux dont l'examen le plus superficiel fera bientôt reconnaître les vices. Il importerait presque autant de généraliser entre les mains de l'état, et avec une immense économie pour les déposants, les assurances sur la vie, qui sont destinées à devenir les véritables caisses de retraite des invalides civils. Pourquoi enfin ne chercherait-on pas et dans l'organisation militaire, et dans celle de ces nombreuses communautés auxquelles on reproche d'être en état de donner leur travail à meilleur marché que les ouvriers isolés, des exemples d'associations économiques ? Au lieu de les interdire et de les piller, on devrait leur demander le secret de leur existence et les imiter en tout ce qui serait applicable à la vie intérieure. Il y aurait enfin à s'occuper, non pas à Paris seulement, mais sur tout notre territoire, des plaisirs et des distractions du peuple : pour l'arracher à ceux qui le dégradent, il faut lui en offrir qui lui élèvent l'âme ; son choix ne sera pas longtemps douteux.

ISBN : 978-1985637870

www.ingramcontent.com/pod-product-compliance
Lightning Source LLC
Chambersburg PA
CBHW072347270726
48659CB00023B/2421